Gerd Krumeich

Verdun 1916

Inhaltsverzeichnis

Die Verluste

Die Erinnerung an Verdun ist in Frankreich wie in Deutschland von den ungeheuren Verlustziffern geprägt, wobei allerdings oft Fantasiezahlen genannt werden. In Überblicksgeschichten und Reiseführern ist häufig von 1 Million gefallener Soldaten die Rede. Die Realität ist davon weit entfernt, wenngleich immer noch schrecklich genug: Beide Armeen hatten insgesamt um die 700.000 „Verluste“ (336.000 Deutsche, 362.000 Franzosen) aufzuweisen, wobei im militärischen Sprachgebrauch unter „Verluste“ alle Toten, Verwundeten und Vermissten, aber auch die erkrankten Soldaten, zusammengefasst werden. Getötet wurden auf deutscher Seite 143.000 und auf französischer 167.000 Mann. Die Zahl der Gefallenen ist in anderen

Wikipedia

Innenansicht des provisorischen Beinhaus (Ossuaire), ca. 1920.

Schlachten, etwa an der Somme 1916 und in Flandern 1917, noch übertroffen worden, aber in Verdun erreichten die Todeszahlen zum ersten Mal diese Größenordnung. Daher hat sich diese Schlacht im kollektiven Gedächtnis Europas besonders eingeprägt.

AKG 151218

„Le ravin de la mort a Verdun" (Die Todesschlucht von Verdun). Gemälde, 1916, von Ferdinand-Joseph Gueldry. Öl auf Leinwand 60 × 80 cm.

Archaik und Modernität der Schlacht

In der Verdun-Schlacht von 1916 wurde die bis dahin größte Anzahl an Geschützen aufgeboten. Allein auf deutscher Seite begann die Beschießung am 21. Februar 1916 aus 1200 Geschützen aller Kaliber, davon nicht weniger als 12 „dicke Berthas", das riesige 42-cm Krupp-Geschütz, das schon 1914 die belgischen und nordfranzösischen Forts zertrümmert hatte. Hinzu kamen zwei neue schwerste 38 cm Flachfeuergeschütze mit einer Schussreichweite von fast 50 Kilometern. Sie wurden unter dem Namen „Langer Max" bekannt, und die Fundamente dieser gigantischen Mörser, die in der so kurzen Vorbereitungszeit des Angriffs auf Verdun gegossen wurden, sind heute noch eine touristische Attraktion.

Scherl/Süddeutsche Zeitung 02235226

„Gamma-Gerät" genannt „Dicke-Bertha".

Vor Verdun wurden auch zum ersten Mal Kampfflugzeuge in größerer Zahl eingesetzt, und nicht zuletzt entwickelte sich diese Schlacht zu einem Dauer-Gaskrieg. Selbst Pferde und Meldehunde mussten Gasmasken tragen. Man gewöhnte sich an den Anblick der gasmaskierten Krieger, wie sie Otto Dix so bedrückend in seiner Serie „Der Krieg“ (1924) festgehalten hat.

Auch wenn Verdun zum Experimentierfeld der modernsten Vernichtungsmittel wurde, so hatte die Schlacht doch auch archaische Elemente, denn sie war und blieb ein Kampf Mann gegen Mann. Um jeden Meter wurde gerungen, um jede Lichtung, um jede Bodenerhebung. Maschinengewehr und Granaten kamen genauso zum Einsatz wie Klappspaten oder (auf französischer Seite) die sogenannten Grabenmesser, die im Nahkampf wesentlich effizienter waren als etwa das Bajonett, Relikt aus früheren Kriegen.

Eine große Rolle bei diesen Kämpfen spielten auch die großen Sperrforts, insbesondere das Fort Douaumont. Hier konnten bis zu 5000 Soldaten in mehreren unterirdischen Etagen Schutz finden und unter schrecklichsten Umständen ausharren, bis trotz Dauerbeschusses schwerster Kaliber der Befehl zum Ausrücken kam. Dazu kamen Fort Vaux, Fort Souville und eine Menge kleinerer Sperrforts bzw. „Blockhäuser“ aus Beton gegossen, in denen sich kleine Gruppen mit ihren Maschinengewehren verschanzten, sodass dem Gegner ein Weiterkommen gar nicht oder nur mit entsetzlichen Verlusten möglich war. Beim Kampf um die einzelnen Forts und Stellungen kam es dabei immer wieder zu regelrechten Handgemengen, sodass schließlich sogar noch in den unterirdischen Gängen von Fort Douaumont und Fort Vaux Schießscharten und Schanzen errichtet wurden, um im Inneren weiter kämpfen zu können. Auch hier waren Messer oder der Klappspaten oft effizienter als Gewehr oder Pistole.

Diese Kämpfe spielten sich mit größter Hartnäckigkeit, Heftigkeit und Erbitterung ab, und das geschah unter dem ständigen „Stahlgewitter“ einschlagender Granaten, deren

bpk | Staatliche Kunstsammlungen Dresden | Elke Estel | Hans-Peter Klut © VG-Bild

Otto Dix, „Der Krieg“, Triptychon 1924, hier der Mittelteil.

oft messerscharfe Splitter – die „Schrapnells“ – einen Körper zerschneiden oder die grässlichsten Wunden hervorrufen konnten. Dieses Bombardement war so „total“, dass noch heute die Landschaft um Verdun zu guten Teilen den Charakter einer – inzwischen wieder von Krüppelwäldern bedeckten, aber nach wie vor landwirtschaftlich kaum nutzbaren – Mondlandschaft hat.

Dieses wellige Gelände besteht aus Abertausenden bis zu 20 Meter tiefen Trichtern, gerissen von Sprenggranaten aller Kaliber. Das waren aber auch Vertiefungen, die Schutz boten und die man zu provisorischen Gräben verbinden konnte, in denen man den Feind erwartete oder aus denen heraus man sich auf ihn stürzte.

Ulrich Baumgarten/Süddeutsche Zeitung Photo 02635325

Das Schlachtfeld im Jahr 2018.

Warum Verdun?

Welche Absichten hatte das deutsche Militär bei diesem massiven Angriff gerade an einer seit dem Krieg von 1870 so stark befestigten Region an der deutsch-französischen Grenze mit dem riesigen Fort Douaumont, das nach damaligen Maßstäben als „uneinnehmbar“ galt? Tatsächlich hat die Forschung noch heute Schwierigkeiten, diese Hauptfrage eindeutig bzw. einhellig zu beantworten. Sicher ist, dass Generalstabschef Falkenhayn versuchen wollte, wie er in einem Gespräch mit dem Kaiser Anfang Dezember 1915 andeutete, an dieser Stelle anzugreifen, um die erstarrten Fronten wieder in Bewegung zu bringen. Falkenhayn war generell der Auffassung, dass an der Westfront ein „endgültiger“ Durchbruch wegen der massiven Abwehrmöglichkeiten im Grunde nicht möglich sei. Deshalb wollte er hier mit beschränkten Mitteln Teilerfolge erzielen, um die „Moral“ der Truppen zu verbessern und die französische Armee zu schwächen. Er ließ hierfür den Angriff mit einem Zermürbungsfeuer „aus allen Rohren“ eröffnen. Dieser wurde allein von der 5. Armee unter dem Oberbefehl des preußischen Kronprinzen Wilhelm ausgeführt und zwar lediglich auf dem Ostufer der Maas. Falkenhayn weigerte sich, den dringenden Forderungen des Oberkommandos der 5. Armee (General Knobelsdorf) stattzugeben und den Angriff auch auf dem Westufer der Maas vorzutragen. Knobelsdorf und die anderen Spezialisten des Armee-Oberkommandos befürchteten nämlich zu recht, dass die deutschen Truppen, wenn sie allein auf dem Ostufer der Maas angriffen, sehr bald dem Beschuss von den Höhen westlich der Maas (vor allem der Höhe 304 und dem Morthomme) ausgesetzt sein würden und deshalb auf Dauer nicht vorankommen könnten. Insbesondere die symbolisch wichtige Erstürmung der Stadt Verdun selber

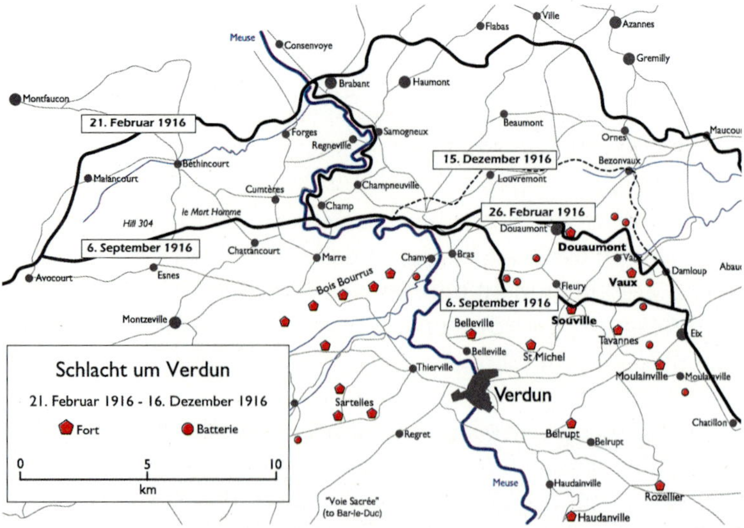

Wikipedia

würde wegen der zu erwartenden immensen Verluste dann nicht mehr möglich sein.

Falkenhayn hat nach dem Krieg versucht, sich zu rechtfertigen und behauptet, dass er in Wirklichkeit vor Verdun gar keinen Durchbruch habe erzielen wollen, sondern dass es ihm in erster Linie darum gegangen sei, die Franzosen dort „auszubluten". Aus diesem Grunde habe er „um Weihnachten 1915" dem Kaiser persönlich eine Denkschrift übergeben, welche er auch in seinem 1919 erschienenen Werk „Die Oberste Heeresleitung in ihren wichtigsten Entscheidungen" ausführlich zitiert. Hierin heißt es:

„Es wurde bereits betont, daß Frankreich in seinen Leistungen bis nahe an die Grenze des noch Erträglichen gelangt ist übrigens in bewundernswerter Aufopferung. Gelingt es, seinem Volk klar vor Augen zu führen, daß es militärisch nichts mehr zu hoffen hat, dann wird die Grenze überschritten (...). Das zweifelhafte und über unsere Kraft gehende Mittel des

Massendurchbruchs ist dazu nicht nötig. Auch mit beschränkten Kräften kann dem Zweck voraussichtlich Genüge getan werden. Hinter dem französischen Abschnitt an der Westfront gibt es in Reichweite Ziele, für deren Behauptung die französische Führung gezwungen ist, den letzten Mann einzusetzen. Tut sie es, so werden sich Frankreichs Kräfte verbluten, da es ein Ausweichen nicht gibt, gleichgültig, ob wir das Ziel selbst erreichen oder nicht. Tut sie es nicht und fällt das Ziel in unsere Hände, dann wird die moralische Wirkung in Frankreich ungeheuer sein (...)."

Dieses „Dokument" ist einer der ungeheuerlichsten, weil extrem „blutrünstigen" Texte des Ersten Weltkrieges und wird als solcher bis heute immer wieder zitiert.

Trotz angestrengter Suche der Archivare des „Reichsarchivs" in den 1920er-Jahren ist es allerdings nicht gelungen, ein Original dieser „Weihnachtsdenkschrift" aufzufinden, sodass die einzige Stelle, an der diese vorliegt, eben die 1919 verfassten Memoiren Falkenhayns sind. Auch haben sich alle an der Planung der „Operation Gericht" Beteiligten – vom Kaiser bis hin zum Kronprinzen und dessen Generalstab – klar geäußert, dass im Vorfeld der Offensive von Verdun von einem angeblichen Plan des Generalstabchefs, die Franzosen vor Verdun „weißzubluten", niemals die Rede gewesen sei.

Zweifel an der Quelle wurden von Historikern aber erst sehr spät geäußert, zu groß war und blieb die Autorität des 1920 gestorbenen ehemaligen Kriegsministers und Generalstabschefs Falkenhayn. Der französische Historiker Antoine Prost war der erste, der 1986 in seinem „Verdun"-Artikel auf einen Anachronismus in der „Weihnachtsdenkschrift" aufmerksam machte, der allein schon genügt, sie als authentische Quelle zu disqualifizieren. Wenn Falkenhayn nämlich schreibt, dass Verdun ein Ort sei, den die Franzosen „bis auf den letzten Mann" verteidigen würden, so stimmt das so gar nicht mit der Bedeutung Verduns im Bewusstsein der französischen Verantwortlichen vor der Schlacht von 1916 überein. Im Laufe der ersten beiden Kriegsjahre hatte sich die Front tief nach Frankreich hinein verschoben. Die französischen Militärs glaubten an keinen

AKG 104168

Der Hügel „Pfefferrücken" nach einem Angriff im Stellungskrieg bei Verdun.

Durchbruchsversuch in der Gegend von Verdun und den Argonnen. Noch 1915 waren deshalb die schweren Geschütze des Fort Douaumont an andere Stellen der Westfront verbracht worden, wo sie dringender gebraucht wurden. Und noch kurz vor und während der ersten deutschen Angriffe haben französische Generalstabsoffiziere offen erwogen, die Festung Verdun ganz aufzugeben und die Front woanders, etwa in der Champagne, zu stabilisieren. Es kann also keine Rede davon sein, dass die Franzosen von vornherein entschlossen waren, Verdun um jeden Preis zu verteidigen, wie in der „Weihnachtsdenkschrift" Falkenhayns vom Dezember 1915 behauptet wird. Diese Behauptung ist offensichtlich erst aufgrund der Tatsache geschrieben worden, dass die sich die französische Regierung nach dem deutschen Angriff im Februar 1916 entschloss, aus „Verdun" ein Symbol des unbedingten Widerstands zu machen.

Die Forschung der letzten Jahre hat wohl mit letzter Sicherheit gezeigt, dass nichts, aber auch gar nichts dafür spricht, dass es Falkenhayns Memorandum Weihnachten 1915 tatsächlich gegeben hat. Erste Zweifel daran hat der deutsche Historiker Holger Afflerbach in seiner definitiven Biographie des Feldherrn geäußert – Zweifel, die zu weiterer Forschung Anlass gaben. Ich habe versucht, den Gebrauch des grundsätzlich seit den 1890er-Jahren in Militärkreisen gebräuchlichen Topos vom „Weißbluten“ der Franzosen in der Berichterstattung über die Verdun-Schlacht aufzuspüren. Das Ergebnis dieser Recherche: Nirgends und bei Niemandem ist im Vorfeld und in den ersten Tagen der Schlacht davon die Rede, dass Verdun zum Anlass genommen werden sollte, Frankreich „auszubluten“. Hingegen häuft sich diese Begrifflichkeit ab Mitte März. Zu diesem Zeitpunkt wurde sowohl den Verantwortlichen als auch der – zensierten und gelenkten – Presse allmählich klar, dass ein Erstürmen der Festung Verdun wohl nicht mehr möglich wäre. Zudem bleibt zu beachten, dass Falkenhayn noch im März-April versucht, alles in die Waagschale zu werfen, um endlich Verdun zu erobern, wie General von Gallwitz, Kommandant des ab März auf dem westlichen Maas-Ufer angreifenden Armeekorps, in seinem Tagebuch mehrfach kritisch bemerkt. Zu diesem Zeitpunkt hatte also auch der Generalstabschef noch andere Absichten als das vorgebliche „Weißbluten“ der Franzosen.

Die „Weihnachtsdenkschrift“ Falkenhayns ist also als eine Fälschung zur nachträglichen Legitimierung einer vollständig fehlgeschlagenen Offensive zu werten.

Angesichts des Forschungsstandes erscheint mir die folgende Erklärung für die Wahl Verduns als Angriffsziel die wahrscheinlichste zu sein: Schon bei den ersten deutschen Offensiven im Spätherbst 1914 hatte sich die Widerstandskraft der Festung gezeigt. Zudem bestand die Gefahr, dass sich die zwischen Verdun und Metz platzierte 5. Armee bei Vorstößen in Richtung belgisch-französische Grenze einer „Flankierung“ seitens der Festung aussetzte. Denn diese „Place forte de

Verdun“ war seit den 1890er-Jahren keineswegs allein als Verteidigungsanlage errichtet worden. Von dort aus konnte auch ein Angriff auf die deutschen Linien unternommen werden, da in der Festung Truppen in einer Stärke von bis zu 150.000 Mann versammelt waren., Nach mehr als einem Jahr des festgefahrenen Stellungskrieges wollte Falkenhayn versuchen, den Krieg „in Bewegung“ zu setzen. Das hieß, sich von der drohenden „Flankierung“ durch die französische Armee zu befreien und dafür die Sperr- und Angriffs-Forts vor Verdun auszuschalten. Und genau auf diese Weise formulierte es der mit der Planung der Offensive betraute General Schmidt von Knobelsdorf, der sich vor Weihnachten 1915 zu Besprechungen mit Falkenhayn nach Berlin begeben hatte, in einem großen Memorandum vom 6. Januar 1916:

„Wer im Besitz der Côtes (Höhen bis zu beinahe 400 m) auf dem Ostufer der Maas ist, indem er die auf ihnen gelegenen Befestigungen erobert hat, ist auch im Besitze der Festung. Vom eroberten Ostufer aus können die ständigen Befestigungslinien und die Feldbefestigungsanlagen des Westufers zu deren Fortnahme flankierend niedergekämpft werden. Aber selbst wenn zunächst auf eine Besitznahme der Werke des Westufers verzichtet werden soll, hat die Festung ihren Wert für Frankreich verloren, wenn das Ostufer der Maas von uns genommen ist.“

Dieses zweifellos authentische Dokument aus der Feder des hauptsächlich mit der Durchführung des Angriffs betrauten Generals ist ebenso konkret wie realitätsnah. Die Einnahme der Festungen auf dem Ostufer der Maas, die Forts Douaumont und Vaux, konnte die Gefahr einer „Flankierung“ der deutschen Truppen ausschließen und dadurch deren Beweglichkeit für ein Vortragen starker Angriffe in Richtung französisch-belgische Grenze und schließlich auch in Richtung Paris entscheidend verstärken. Knobelsdorf zog bei dieser Planung allerdings nicht in Betracht, dass der Widerstand der Franzosen so stark sein könnte, wie dies dann der Fall war. Denn die Kämpfe zogen sich, nach der anfänglich so rasch erreichten Besetzung des Forts Douaumont in die Länge. Deshalb konnten sich die

Franzosen auf dem Westufer der Maas gut verschanzen und die Deutschen selber unter massivsten Beschuss nehmen, wodurch der weitere schnelle Vormarsch unmöglich wurde.

Süddeutsche Zeitung Photo 00136142

AKG73877

Fort Douaumont, 1915 (oben) und 1916 (unten).

AKG 111328

AKG 175410

Mondlandschaften

Durchhalten vor Verdun: die französische Mythisierung der Schlacht.

Für die Franzosen ist „Verdun“ seit über 100 Jahren die emblematische Schlacht geblieben, in der man sich regelrecht in den Boden festkrallte, um den Deutschen ein Weiterkommen und einen „Durchbruch“ in Richtung Paris unmöglich zu machen. Warum aber diese totale Opferbereitschaft, wenn doch, wie bereits erwähnt, die französischen Militärs der Festung Verdun seit Beginn des Weltkriegs keine sonderlich große Bedeutung mehr eingeräumt und sogar die Geschütze an andere Kampforte verbracht hatten? Nach Beginn des deutschen Angriffs entschloss sich die politische Führung Frankreichs dazu, Verdun zum Schauplatz eines Entscheidungskampfes zu stilisieren, um die Nation und ihre Soldaten neu zu motivieren. Kurz nach Beginn des deutschen Angriffs reiste Ministerpräsident Aristide Briand ins Hauptquartier von Chantilly, um die noch zögerlichen Generale zur radikalen Verteidigung der Festung Verdun zu bewegen:

„Ich sagte mit kräftiger Stimme, wie ich es zuweilen tue: Verdun aufgeben? Aber das wäre, wie vor dem Feind zu desertieren (...) An diesem Tag bräuchte mir der Armeechef sein Entlassungsgesuch gar nicht erst zu übergeben! Ich hätte ihn vorher schon entlassen.“

Ab diesem Zeitpunkt wurde auch eine Pressekampagne initiiert mit der Folge, dass bald die Verteidigung von Verdun mit der Verteidigung Frankreichs gleichgesetzt wurde. Georges Clemenceau, zu jenem Zeitpunkt noch einer der Chefs der parlamentarischen und publizistischen Opposition (bevor er 1917 als Ministerpräsident zum „Tiger“ des absoluten Kriegswillens mutierte) schrieb in seiner Zeitschrift *L’Homme enchainé*:

„Verdun! Verdun! Jetzt kann man an nichts anders mehr denken. Alle Empfindungen, alle Herzen sind auf dieses tragische Schlachtfeld gerichtet".

Am 1. März 1916, als die wirklichen Dimensionen der Schlacht immer noch nicht absehbar waren, man aber wusste, dass die Deutschen hier eine Kriegsentscheidung suchten, begab sich der Staatspräsident Poincaré persönlich an die Front. Er verbat sich im Gespräch mit General Pétain, dem Oberkommandierenden der Verdun-Truppen, jeglichen Gedanken an eine Rückzugstaktik, welche die Generale ja keineswegs von vornherein ausgeschlossen hatten. Nicht weniger als sechs Mal hat Poincaré in den folgenden Monaten Verdun und die Front besucht, und noch vor dem endgültigen Abschluss der Kämpfe erhielt die Stadt Verdun den höchsten nationalen Verdienstorden, die *Légion d'Honneur*. Das hatte es noch nie zuvor gegeben.

Auch die französische Bevölkerung wurde breit über die Ereignisse „vor Verdun" informiert. Bemerkenswert ist, wie genau die Informationen waren, die die Franzosen wöchentlich durch die wichtigste illustrierte Zeitschrift, *L'Illustration*, erhielten. Zwar konnte man in dieser bürgerlichen Zeitschrift nicht die Leichenhaufen in einem erstürmten Graben sehen, aber äußerst drastische Bilder. Auch schreckliche Einzelheiten wurden publiziert, etwa der noch heute immer wieder neu publizierte soldatische Bericht „Sous Verdun" von Maurice Genevoix (1917 veröffentlicht). Genevoix' Schilderung des Leidens und Sterbens der Soldaten wurde trotz vieler Bedenken der Zensurbehörden nicht verstümmelt, sondern schließlich als Mittel anerkannt, um allen Franzosen klarzumachen, um was es vor Verdun wirklich ging.

Das ist auch der Inhalt des berühmt gewordenen Tagesbefehls von Generalstabschef Joffre vom 10.3.1916:

„Soldaten der Armee von Verdun! Seit drei Wochen haltet Ihr den furchtbarsten Sturm aus, den der Feind bisher gegen uns unternommen hat. [...] Die Heimat hat ihren Blick auf Euch gerichtet. Ihr werdet zu denen gehören, von denen man sagen wird: ‚Sie haben den Deutschen den Weg nach Verdun versperrt'".

Unvergessen bleibt in Frankreich auch der Tagesbefehl des für die Verdun-Front verantwortlichen Generals Pétain vom 10.4.1916:

„Der 9. April ist ein glorreicher Tag für unsere Waffen. Die wütenden Angriffe der Soldaten des Kronprinzen sind überall gebrochen worden [...] Euch allen sei die Ehre! Die Deutschen werden zweifellos weiter angreifen. Deshalb muss jeder von Euch arbeiten und wachsam bleiben [...] Nur Mut, wir packen Sie“!“

Und ein dritter Aufruf, diesmal von Anfang Mai, den General Nivelle als Nachfolger von Pétain unterzeichnete, ist im Gedächtnis nicht allein der Franzosen geblieben, weil er in der Formel gipfelte: *Ils ne passeront pas* – sie werden nicht durchkommen. Dieses *no pasarán* finden wir im Spanischen Bürgerkrieg (1936–1939) wieder. Hier nutzten ihn die Verteidiger der Republik als Schlachtruf. Es ist zum Codewort für die vielfältigsten Widerstandsbewegungen weltweit geworden.

Wikimedia Agracier

Graffiti in Cartagena, Spanien, 2013.

Wikipedia

Deutsche Infanteristen verlassen die Schützengräben, um die Höhe „Toter Mann“ (*Le mort homme*) zu erstürmen, Mitte März 1916.

Eine Antwort der französischen Soldaten auf diese Aufrufe ist vor allem das Monument vom Morthomme geblieben, mit der Inschrift: *Ils n'ont pas passé* – sie sind nicht durchgekommen.

Hinter diesem ebenso lakonischen wie stolzen Satz steht das Bewusstsein, dass man sich hier, wenige Kilometer vor der Stadt Verdun, bedingungslos geopfert hat, um die Deutschen aufzuhalten. Nahezu zwei Drittel aller französischen Einheiten haben hier gekämpft, gelitten und geblutet.

Versinnbildlicht wird dieser totale Einsatz der gesamten „bewaffneten Nation“ durch das Bild der sogenannten *Noria*, des „Tretrads“ der auf der Straße von der Departements-Hauptstadt Bar-le-Duc nach Verdun Tag und Nacht ununterbrochen rollenden LKW-Kolonne, die seit März 1916 im 14-Sekunden-Takt Menschen und Material aller Art – Verpflegung wie Kanonen – an die Front und die abgekämpften Einheiten, die Verwundeten und Kranken von dort zurück in Sicherheit brachte.

Wikipedia

Denkmal Morthomme, französische Postkarte vor 1935.

Süddeutsche Zeitung 01980572

Die „heilige Straße", 1916.

Diese Straße, zunächst noch nicht geteert und dann von den LKWs der *Noria* aus Stück um Stück asphaltiert, war die Lebensader zwischen Front und Hinterland. Sonst gab es außer einer kleinen Schmalspurbahn keinerlei Verkehrsverbindung nach Verdun, die Zufahrtswege auf dem Ost- und Westufer der Maas waren ja in deutscher Hand. Noch heute sind die Kilometersteine dieser „Heiligen Straße“ mit Eichenlaub und Stahlhelmen geschmückt.

Die deutsche Verdun-Erinnerung

Der Angriff auf Verdun wurde unter höchster Geheimhaltung vorbereitet. Man konnte in den umliegenden Dörfern und Städten zwar leicht erkennen, dass etwas im Gange war. Aber die Vorbereitungen der riesigen Offensive wurde erst Anfang Februar soweit deutlich, dass die französischen Militärs anfingen, sich zögerlich auf einen eventuellen Angriff vorzubereiten. Auch in der Öffentlichkeit spielte die Perspektive eines vielleicht kriegsentscheidenden Angriffs keine Rolle, anders als bei späteren Schlachten, vor allem der Michaels-Offensive vom März 1918, die weithin publiziert und sogar per Anleihe mit dem Plakat „Der letzte Hieb“ beworben wurde. Erst nach Beginn der Schlacht am 21. Februar 1916 gelangte das Ereignis in die deutschen Zeitungen. Als dann wenige Tage später das mythische Fort Douaumont, der wichtigste Eckpunkt der französischen Befestigungen vor Verdun, „im Handstreich“ genommen werden konnte, war die Freude in Deutschland riesengroß. Glocken läuteten und die Kinder erhielten einen Tag schulfrei. Aber in den folgenden Tagen und Wochen gab es keine Nachrichten mehr von größeren Fortschritten im Angriff. Ab Mitte März ging die Presse, wie bereits erwähnt, dazu über, zu erläutern, dass man auf dem Schlachtfeld vor Verdun gar nicht unbedingt vorankommen müsse, sondern dass es darum gehe, die Franzosen dort „weißzubluten“. Der Douaumont-Mythos aber blieb lebendig und ersetzte nach und nach den fehlenden Sieg vor Verdun. Noch in den 1930er-Jahren war „Douaumont“ ein Hauptthema in der soldatischen Literatur und die „Eroberer“ des Forts gingen immer wieder auf Vortragsreisen oder publizierten ihre Heldentat von 1916. Dabei vergaßen sie zu erwähnen, dass das Fort nur von 58 Mann der Territorialarmee, also der Ersatzreserve, bewacht worden war, weil eben die französische Generalität ihm keine strategische Bedeutung beigemessen hatte. Im Übrigen ist die Einnahme des Forts ohne Widerstand und Schusswechsel gelungen.

Die deutschen Soldaten, die selber vor Verdun genauso „ausgeblutet“ wurden wie die Franzosen, waren über solch ein überhebliches „Weißbluten“-Gerede äußerst erbost genau wie über die Tatsache, dass die deutschen Regimenter – im Unterschied zu den französischen – erst ausgewechselt wurden, wenn sie, so der zynische zeitgenössische Ausdruck, „zur Schlacke verbrannt“ waren, also bis zu zwei Drittel ihres ursprünglichen Bestandes verloren hatten. Besonders die unmittelbar nach dem Krieg bekannt gewordene „Blutpumpen“-Theorie Falkenhayns erfüllte die wirklichen Verdun-Kämpfer über Jahrzehnte hinweg mit Zorn. Das wird in der soldatischen Literatur – von Franz Schauweckers „Im Todesrachen. Die deutsche Seele im Weltkriege“ (1919) bis hin zu Werner Beumelburgs „Gruppe Bosemüller“ (1932) – deutlich. Es war ja auch eine unerträgliche Vorstellung, dass man sein Leben eingesetzt hatte, um den Durchbruch vor Verdun zu erzwingen, dies aber in Wirklichkeit gar nicht das Ziel der Generalität gewesen war. Wenn diese die Franzosen „ausbluten“ wollte, so hatte sie ja zumindest in Kauf genommen, dass auch die deutschen Soldaten verbluteten. Die deutschen Verdun-Kämpfer fühlten sich von ihrem Feldherren verraten.

Der Friedensschwur von 1936

Der Gedanke, dass auf dieses totale Gemetzel mit seinen wohl 300.000 Toten und mindestens 400.000 Verwundeten nur noch Frieden folgen könne, lag nahe und wurde insbesondere von den *Anciens Combattants* gepflegt, den zumeist pazifistisch orientierten Soldatenverbänden Frankreichs. 1936 kamen auf deren Einladung 30.000 ehemalige Verdun-Soldaten – zumeist Franzosen und Deutsche – zum Douaumont und legten dort einen „Friedensschwur" ab, der folgenden Wortlaut hatte:

„Weil diejenigen, die hier und anderwärts liegen, in den Frieden der Toten eingetreten sind, nur um den Frieden der Lebenden zu begründen, und weil es uns unheilig wäre, künftighin zuzulassen, was die Toten verabscheut haben, deswegen schwören wir, den Frieden, den wir ihrem Opfer verdanken, zu bewahren und zu wollen."

Dieser Schwur drückte sicherlich ehrliche Friedensbereitschaft der Verdun-Kämpfer beider Seiten aus. Aber im Unterschied zu den französischen *Anciens combattants* waren die deutschen Soldaten keineswegs mehrheitlich pazifistisch eingestellt. So wie die meisten Deutschen verlangten sie nach einer Rücknahme des „Schandfriedens" von Versailles. Wirklicher Frieden konnte für sie erst sein, wenn das „Diktat" von 1919 getilgt war. Eben dies geschah 1940, als die deutsche Armee die französische geradezu überrannte und Frankreich in kürzester Frist kapitulierte. Im Juni 1940 wurde auch die Festung Verdun im ersten Ansturm genommen. Generalleutnant Weisenberger, Chef der vor Verdun siegreichen 21. Division, hielt auf dem Fort Douaumont stehend eine Ansprache, die auch dem Kampf von 1916 einen neuen Sinn gab:

„Aus der Blutskameradschaft im Schlamm und Dreck und in den Trichtern vor Verdun ist der nationalsozialistische Geist geboren worden (...). Jetzt ist die Brücke geschlagen zwischen den alten Verdun-Kämpfern von 1916 und den jungen Eroberern der Festung Verdun von heute."

Und der „Völkische Beobachter" druckte auf einer ganzen Seite das Bild eines Wehrmachts-Soldaten ab, der strahlenden Kämpfern des Ersten Weltkriegs in ihrem Schützengraben die Kriegsfahne übergibt. Die Bildunterschrift lautet: „Somme – Marne – Verdun. Und ihr habt doch gesiegt."

19. Juni 1940 • Nr. 171 • Seite 3

Somme – Marne – Verdun

„Und ihr habt doch gesiegt"

Völkischer Beobachter, 19. Juni 1940, S. 3

Verdun als Symbol der deutsch-französischen Freundschaft

Am 22. September 1984 kam es dann zu dem wohl eindrucksvollsten und nachhaltigsten Akt der Besiegelung dieser Freundschaft über den Gräbern. Das war der Moment, als der deutsche Bundeskanzler Helmut Kohl und der französische Staatspräsident François Mitterand sich vor dem Beinhaus vom Douaumont die Hand reichten und lange in dieser stummen Geste verharrten.

Das ganz Besondere an diesem Akt war, dass er vorher von keiner Seite geplant worden war. Es war schlicht ein Moment der sprachlosen Ergriffenheit der beiden Staatsmänner, die Mitterand auf den Punkt brachte, als er zunächst ganz zögerlich nach der Hand seines deutschen Partners griff. Es ist wohl diese Spontaneität, die aus dem Staatsakt eine Geste werden ließ, die in der Geschichte der deutsch-französischen Beziehungen und in der Erinnerung Europas einen ganz besonderen Platz erhalten hat und behalten wird.

Ein weiteres Zeichen der deutsch-französischen Gemeinsamkeit an diesem Ort des Schreckens und Unheils bedeutete das Hissen der deutschen und der europäischen Fahne, neben der französischen, auf dem Douaumont im November 2009 – eine wunderbare Zeremonie, ausgeführt von Soldatinnen des Eurokorps.

Am 29. Mai 2016 wurde schließlich als einer der wichtigsten symbolischen Akte zum 100-jährigen Gedenken des Ersten Weltkriegs das *Mémorial franco-allemand de la bataille de Verdun* von François Hollande und Angela Merkel eingeweiht. Dieses großzügig gestaltete Museum der Verdun-Schlacht ist eine Erweiterung des an derselben Stelle in den 1950er-Jahren erbauten

Mémorial de Fleury. Ursprünglich war es ein von den französischen (und auch einigen deutschen) Verdun-Kämpfern gestiftetes und unterhaltenes Museum inmitten des 1916 total zerstörten Dorfes Fleury-devant-Douaumont gewesen. Hier hatten die französischen Soldaten eine riesige Menge an Erinnerungsstücken und Überresten der Schlacht von Verdun gesammelt und teilweise ausgestellt. Hier trafen sie sich jedes Jahr zur Erinnerung an diesen größten Kampf ihres Lebens. Und hier wurden sie jahrzehntelang als Retter des Vaterlandes gefeiert. An einem solchen Ort der nationalen Erinnerung nunmehr ein deutsch-französisches Museum und Informationszentrum zu errichten, war eine große Herausforderung und ein wahrer Härtetest für das deutsch-französische Verhältnis in seiner konkreten Ausgestaltung. Dass dieses Museum wirklich gebaut werden konnte und jährlich annähernd 200.000 Besucher aus aller Welt anzieht, zeigt, dass Verdun zu einer europäischen Erinnerung geworden ist.

Weniger stark bemerkt, aber ebenfalls von großer symbolischer Bedeutung ist eine weitere Neuerung, die 2016 realisiert werden konnte. Hierbei handelt es sich um das Beinhaus, den *Ossuaire*. Hier waren in den Nachkriegsjahren die sterblichen Überreste von ca. 130.000 nicht identifizierten Soldaten bestattet, bzw. aufgeschichtet worden. Der Ossuaire war für nahezu hundert Jahre die wichtigste Weihestätte der französischen Republik. Allerdings wurde bei diesem nationalen Gedenken nicht beachtet, dass es sich bei den im *Ossuaire* zusammengetragenen Gebeinen wohl zur Hälfte um Überreste deutscher Soldaten handelte, waren doch die Kämpfe vor Verdun so sehr durch den Nahkampf geprägt, dass eine Sortierung nach Nationalität undenkbar war. Doch noch in den 2000er-Jahren scheiterten alle zaghaften Bemühungen um einen Hinweis auf die deutschen Gefallenen im *Ossuaire*. Glücklicherweise hat sich das geändert und im Jahr 2016 hatte die vom Präsidenten der Republik mit der Organisation der Feierlichkeiten beauftragte *Mission du Centenaire* keine Bedenken mehr, in das Deckengewölbe im Eingangsbereich die folgende Inschrift in großen Lettern eingravieren zu lassen:

108058458 picture alliance / imageBROKER, Harald Wenzel-Orf

Das neu gestaltete Memorial von Verdun.

Hier ruhen französische und deutsche Soldaten. Lasst es uns niemals vergessen / Ici reposent des soldats français et allemands. N'oublions jamais.

Namhafte Proteste gegen einen Akt, der noch wenige Jahre zuvor von vielen Franzosen strikt abgelehnt worden war, hat es 2016 und seitdem nicht mehr gegeben.

So ist das Schlachtfeld von Verdun mit seinen auch nach 100 Jahren noch deutlich sichtbaren Narben der Kämpfe von 1916 zum wichtigsten Symbol der deutsch-französischen Freundschaft geworden, gerade weil es einmal ein Ort der heftigsten Feindschaft gewesen war.

Literatur

German Werth, Verdun. Die Schlacht und der Mythos, Bergisch-Gladbach 1979

German Werth: Wie war das mit Verdun? Teilnehmer der Schlacht erinnern sich (Feature von German Werth mit einer Einführung von Gerd Krumeich), Audio-CD – Hörbuch, Berlin 2016

Gerd Krumeich und Antoine Prost, Verdun 1916. Die Schlacht und ihr Mythos aus deutsch-französischer Sicht, Essen 2016

Olaf Jessen, Verdun 1916. Urschlacht des Jahrhunderts, München 2014

Michael Hörter und Diego Voigt (Hg.), Verdun 1916. Eine Schlacht verändert die Welt, Münster 2016

Horst Rhode und Robert Ostrovsky, Militärgeschichtlicher Reiseführer Verdun, Hamburg-Berlin-Bonn 2008 (4. Aufl.)

Holger Afflerbach, Falkenhayn. Politisches Denken und Handeln im Kaiserreich, München 1994.